# CATALOGUE

### D'UNE RÉUNION REMARQUABLE

# D'OBJETS D'ART

### ET DE CURIOSITÉS,

Tels que Meubles en marqueterie et en ivoire, Vases chinois, Pendules anciennes, Bronzes dorés, Rétables, Bernard Palissi, Faïences anciennes, Émaux, Matières précieuses, Matières dures, Pièces anciennes en or et en argent, Bas-reliefs Armes, Ivoires sculptés, Bronzes anciens, Tabatières, Bagues, Laque de Chine, Vases étrusques, Antiquités, Médailles, Instrumens de musique, Dessin de Redouté, Tableaux, etc.,

*Dont la vente aura lieu les Lundi 28, Mardi 29 et Mercredi 30 Janvier 1839, matin et soir,*

### HOTEL DES COMMISSAIRES-PRISEURS,

Place de la Bourse, N° 2, Salle N° 2.

Par le ministère de M° CHAUMONT, Commissaire-Priseur, rue Bourbon-Villeneuve, N° 9;

Assisté de M. JOYAU, marchand de curiosités, rue de la Ferme-des-Mathurins, n. 10;

Chez lesquels le présent se distribue.

*Exposition publique, le Dimanche 27, de midi à cinq heures.*

## AVANT-PROPOS.

Nous ne ferons pas l'éloge de la charmante collection que nous sommes chargés de vendre ; nous engageons seulement le public à visiter l'exposition, et nous ne doutons pas que chacun ne sache apprécier le bon goût et le tact que le propriétaire a montré dans l'acquisition de cette quantité d'objets qui sont dignes d'enrichir les plus belles collections.

---

Cinq centimes par franc en sus des adjudications applicables aux frais de vente.

---

BELLEVILLE, — Imprimerie de GALBAN, rue de Paris, 28.

# NOTICE.

## MEUBLES ET PENDULES.

1 — Deux meubles en marqueterie, paneaux pleins, cuivre sur fond d'ébène, richement garnis de bronze.

2 — Un bureau à x en marqueterie de cuivre, sur fond d'ébène, garni de bronze doré.

3 — Un bureau à quatre faces de six pieds, en bois de rose, richement garni de ses bronzes.

4 — Un petit bureau en marqueterie de bois de rapport, garni de ses bronzes dorés.

5 — Un meuble en ivoire à deux ventaux, garni de tiroirs à l'intérieur et l'extérieur, enrichi de gravures.

6 — Un meuble bonheur-du-jour enrichi de bronzes dorés.

7 — Deux magnifiques vases en porcelaine ancienne de la plus belle époque de Louis XV; leur grandeur dépasse tout ce que l'on a vu jusqu'à ce jour.

8 — Une petite pendule de cabinet à cage, forme carrée, surmonté d'un vase, le tout en bronze doré.

9 — Une paire de candélâbres à trois lumières, groupes d'enfans, surmonté d'un bouquet bronze doré, socles en marbre.

10 — Une garniture de cabinet composée de trois pièces : une pendule et deux candélâbres à trois lumières; le tout en bronze d'après les dessins égyptiens de feu M. le baron Denon.

11 — Une pendule de cabinet, un Atlas portant la boule du monde, bronze et dorure.

12 — Une pendule rocaille du temps de Louis XV, figures et fleurs de porcelaine de Saxe.

13 — Une pendule de cabinet sans balancier ni ressort, portée sur un socle en marbre noir, garni de bronze doré, elle est en parfait état. On dit que cette pendule a appartenu au duc d'Orléans, aujourd'hui le Roi, et depuis à un particulier rue Phélippeaux, qui en avait fait l'acquisition en 93. Lors de la restauration, en 1815, elle a été présentée à son premier propriétaire; mais le prix effrayant de 3,000 fr. que l'on en désirait, fit qu'elle fût conservée par le premier acheteur jusqu'à son décès.

14 — Une paire de flambeaux canelés en bronze doré.

15 — Une pendule de cabinet en marqueterie, forme carrée, enrichie de bronze doré.

16 — Une pendule en marbre du temps de Louis XVI; elle est en mauvais état.

17 — Un miroir de Venise à biseau dans un riche cadre, bois sculpté et doré.

18 — Une riche bordure en bois noir sculpté à figures.

### DIVERS OBJETS DE CURIOSITÉ.

19 — Un magnifique rétable en bois sculpté; l'architecture gothique ainsi que les groupes de figures sont remarquables par le dessin, l'exécution et la conservation.

20 — Un plat de Bernard Palissy, forme ovale, à reptiles, couleuvres, etc.

21 — Un magnifique plat de Bernard Palissy, forme ovale, reptiles, brochets et papillons.

22 — Un magnifique vase en faïence de Faenza, très-riche de forme, anses à serpens, les peintures d'un dessin sévère et hardi.

23 -- Un vase en faïence de Faenza, très-riche de forme, les peintures d'une grande finesse.

24 — Une magnifique buire en terre précieuse du service de Diane de Poitiers; elle est remarquable par la grâce de sa forme et sa conservation.

25 — Deux buires en faïence du temps de Louis XIII, très-élégantes de forme, dessins bleus.

26 — Une buire en émail de Limoges, sujet mythologique d'un dessin remarquable; elle est signée des initiales I. C.

27 — Une salière en émail de Limoges, très-fine de détail; elle est de forme ronde.

28 — Un médaillon en émail, sujet Laocoon, signé des initiales doubles M. D.

29 — Un médaillon en émail, sujet Milon de Crotonne, avec les initiales L. L.

30 — Un médaillon en émail, sujet Vénus, cadre en bois sculpté à jour.

30 *bis*. — Un médaillon en émail, sujet Augusta Césaris, cadre en bois sculpté à jour.

31 — Un médaillon en émail, rond, sujet Hercule, dessin bleu.

32 — Une garniture de trois pièces, composée d'un vase, une cassolette et un brûle-parfum en émail de Chine, socle en bois de fer extrêmement fin de qualité.

33 — Deux médaillons ronds en terre de Faenza, sujets Diane et Tarcy.

34 — Une petite bouteille en grès de Flandre armoirié, d'un émail excessivement fin, date de 1661.

5 — Une bouteille en filigrane de Venise, en argent.

36 — Une coupe en cristal de roche ; cette pièce est remarquable par sa belle forme et sa dimension. On présume qu'elle porte les armes de Diane de Poitiers; elle est gravée d'un croissant avec le mot SIC ; l'étui est du temps et fleudelysé.

37 — Une tortue cristal de roche de grosseur naturelle; cette pièce est des plus remarquables et est fracturée.

38 — Une coupe en jade avec lance, prise sur la masse.

39 — Une boîte en matière dure, le couvercle formant camée.

40 — Une bonbonnière cristal de roche non garnie, forme Louis XV.

41 — Une coupe en agathe orientale, garnie de bronze doré; elle est étoilée.

42 — Un petit reliquaire grec en vermeil; les peintures sont remarquables par leur grande finesse.

43 — Une jolie petite pagode indienne garnie en or ; cette pièce est d'une grande finesse.

44 — Deux porte tasses en argent oriental.

45 — Un Christ en corail avec ornemens d'argent émaillé.

46 — Une couverture de missel provenant du manuscrit de St-Dominique; cette pièce est en repoussé de cuivre, ouvrage du seizième siècle.

47 — Un bas-relief en étain du quinzième siècle, sujet la Passion, d'une grande finesse.

48 — Un joli petit couteau, d'une forme bizarre, manche d'argent garni de sa chaîne.

49 — Un couteau du seizième siècle, manche en écaille incrusté d'argent.

50 — Une horloge du seizième siècle en cuivre doré et gravé, d'un travail précieux.

51 — Une petite horloge en mauvais état, cuivre doré et gravé.

52 — Une petite horloge à six pans, en cuivre doré, dans son étui du temps.

53 — Une jolie arme orientale, la poignée est enrichie de pierreries, la garniture est d'un travail précieux, lame en damas.

54 — Un camail, la poignée est enrichie de turquoises, lame à canelure.

55 — Un poignard très-riche de garniture, la poignée en rhinocéros, lame cintrée en damas.

56 — Un magnifique poignard, la lame est en damas des plus fins, le manche en matière bleue transparente.

57 — Un poignard malais, lame flamboyante; on présume que le fourreau contient un alliage d'or.

58 — Une masse-d'arme en matière dure, manche en jaspe.

59 — Une cartouchière en damas damasquiné d'or, très-remarquable par sa finesse.

60 — Un couteau aratoire, garni d'un couteau, d'une serpette, d'une scie, d'une hachette, d'un tourne-vis, le manche incrusté d'or et d'argent.

61 — Un rétable, sujet le Jugement de Salomon, bas-relief en albâtre d'une grande beauté de dessin, rehaussé d'or; l'encadrement est remarquable.

62 — Un bas-relief idem, travail du seizième siècle, sujet la Cène, d'après Raphaël. Ce nom suffit pour fixer l'attention des amateurs.

63 — Une paire de flambeaux en cristal de roche; la grâce et la richesse de la monture fait que cet article est unique.

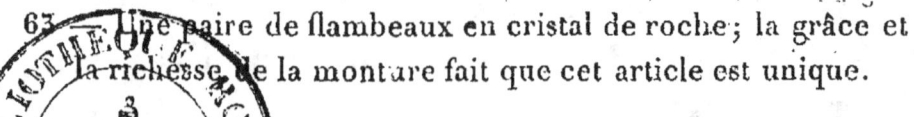

64 — Une crosse en émail bizantin, provenant de l'abbaye de l'église St-Germain-des-Prés ; elle a été retrouvée après l'incendie.

65 — Un plat bizantin décoré d'écussons armoiriés; il est orné d'un petit gouleau. On présume que ce vase servait à la communion sous les deux espèces.

66 — Un Christ bizantin monté sur sa croix, gravé et doré; ce Christ se recommande attendu qu'il est entièrement complet.

67 — Un émail de Limoges repoussé; sur le premier plan, une grande figure richement drapée, dans le fond une ville et des cavaliers.

68 — Un très-beau coffre de Jérusalem, d'un travail très-fin et d'une parfaite conservation.

69 — Quatre bas-reliefs en bois sculpté, les évangélistes.

70 — Deux bas-reliefs-médaillons, bois sculpté rehaussé de peintures.

71 — Une peinture bizantine, sujet Madon, peint sur panneau, bois de cèdre, en 1184, d'après la note de M. Forbin qui est fixée derrière.

72 — Un bas-relief en albâtre, l'Adoration des rois mages.

73 — Un joli bas-relief en bois sculpté, Ste-Madeleine repentante, dans un joli cadre en écaille.

74 — Une croix bizantine en bois sculpté, avec dix-sept sujets de la Passion.

75 — Un bas-relief en bois sculpté, le beau Narcisse, d'après Jules Romain.

76 — Un petit cadre de glace de Venise avec des cuivres dorés.

77 — Un peigne en bois sculpté du temps de François I<sup>er</sup>.
78 — Une petite chaise d'enfant en bois de palissandre avec colonnes torses en ébène.
79 — Un encrier en grès de Flandre.
80 — Un Saint-George en cuivre repoussé, devant de poire poudre.
81 — Un vidercum en verre emaillé, daté de 1619.
82 — Un vidercum en verre, peinture émaillée, représentant un électeur et un blason, daté 1647.
83 — Un joli pied en bronze doré avec figures, travail du seizième siècle.
84 — Un socle en marbre porphyre, garni de bronze doré.

## IVOIRES SCULPTÉS.

85 — Un groupe de deux figures, Hercule et Anthée ; ce groupe est remarquable par son travail.
86 — Un bas-relief en ivoire, sujet de l'âge-d'or, composé d'une trentaine de figures, d'un travail très-fin.
87 — Un Christ en ivoire de 18 pouces, très-beau.
88 — Un Christ en ivoire, d'un travail gothique ; le sang qui coule des plaies est en rubis, l'on en compte plus de 150.
89 — Un socle en ivoire sculptée représentant les Quatre Saisons.
90 — Deux figures ivoire ancien, rehaussé d'ornemens d'or.
91 — Une boule en ivoire sculpté, travail chinois.
92 — Deux manches de couteaux en ivoire sculpté, d'un travail ancien.
93 — Une figure couchée en ivoire sculpté, d'un travail très fin et ancien.

4 — Une crosse en ivoire sculpté, d'un travail très-ancien; le milieu est orné d'un taureau ailé avec un cep de vigne.

5 — Un petit miroir garni d'ivoire sculpté.

6 — Un bas-relief en ivoire, d'un travail bizantin, sujet la mort de la Vierge.

7 — Un bas-relief cintré en ivoire, d'un travail gothique, la Vierge et l'Enfant, Jésus assis sur son trône.

8 Un petit bas-relief en ivoire, travail gothique; la Vierge couronnée par deux anges.

9 — Un dos de selle de chevalier en os sculpté; d'un côté on remarque des chevaliers couverts de leurs armures, et de l'autre une chasse.

## BRONZES FLORENTINS, ANTIQUES ET AUTRES.

0 — Deux très-beaux bronzes florentins, Vénus et l'Amour, et Pâris présentant la pomme à Vénus.

1 — Un Hercule Farnèse en bronze ancien.

2 — Un bronze ancien, la naissance d'Hercule.

3 — Deux modèles groupes de Saint-Michel et Saint-Martin dont l'un monté sur une terrasse. Ces articles seront vendus ensemble.

4 — Un joli bronze florentin, Junon. Ce bronze mérite d'être remarqué par sa finesse et son caractère.

5 — Une figurine bronze ancien.

6 — Un bas-relief en bronze, sujet jeu d'enfans, dans un cadre, bois sculpté et doré.

7 — Bronze florentin, un amour doré.

8 — Une figurine de 15 pouces, Junon en porphyre rose oriental, la tête, les bras et les pieds sont en bronze doré, nous la croyons antique.

9 — Une figurine en marbre blanc, sujet Jupiter, la tête est

rapportée et le bras droit manque, provenant de la vente de M. Ruthiel.

110 — Une autre petite figurine antique, marbre blanc, elle a été restaurée par M. Ruthiel.

111 — Une figurine antique, bronze gaulois sujet Apollon Ce bronze est digne du musée et provient du cabinet de M. Provot de Prelle, hauteur 11 pouces.

112 — Un Mercure antique, les yeux sont en argent, figurine de 8 pouces 1/2 d'une belle conservation.

113 — Une figurine de 8 pouces, Hercule, bronze très-ancien provenant du cabinet de M. Provot de Prelle.

112 — Une figurine de 7 pouces, bronze ancien, un sénateur

115 — Une Vénus, bronze ancien, figurine de 5 pouces.

116 — Une figurine, bronze, de 6 pouces, Vénus la tête surmontée d'une auréole.

117 — Une figurine de 6 pouces, bronze doré.

118 — Une figurine, Mercure antique, hauteur 4 pouces 1/2 les yeux sont en argent.

119 — Une figurine de 5 pouces 1/2, la vierge, bronze trouvé au mont César, près Abbeville.

120 — Une figurine de 5 pouces, bronze ancien, femme du du peuple.

121 — Une figurine de 4 pouces 1/2, bronze italien, cire perdue.

122 — Une jolie petite figurine antique, 3 pouces 1/2.

123 — Une jolie petite figurine de 3 pouces 3 lignes, bronze antique, petit coureur

124 — Une petite figurine de 2 pouces 6 lignes, petit génie bronze antique.

— Une petite figurine, bronze antique, de 2 pouces 3 lignes, Jupiter.
— Une figurine de 2 pouces 6 lignes, bronze antique, joli Mercure.
— Une figurine de 3 pouces 6 lignes, bronze antique Mercure.
— Petite figurine de 15 lignes, bronze antique, Mercure.
— Deux petits bronzes gaulois.
— Un calice des premiers temps du christianisme, il est, en cuivre doré, incrusté d'argent niellé portant des inscriptions latines.
— Un cassollette, cuivre repoussé, provenant du cabinet de M. Provot de Prelle.
— Un miroir antique, bronze égyptien, provenant du cabinet de feu le comte d'Hauterive.
— Un collier antique, en cornaline, monté de petites perles en or, trouvé au cou d'une momie.
— Un fragment de bijou antique, également trouvé sur une momie.
— Un glaive romain, bronze antique.

**OBJETS DIVERS, BIJOUX, LAQUES, ETC.**

— Une jolie boîte à thé, en laque de Chine, montée en bronze doré.
— Une boîte en laque de Chine avec tiroirs.
— Une boîte en laque avec écusson de franc-maçon, Burgotée.
— Une jolie petite boîte de bureau, laque de Chine.
— Une boîte en laque, de Coromandel.
— Deux boîtes en laque de Chine, une à fruit et l'autre ronde.

142 — Deux boîtes en laque de Chine, une à fruit et l'autre forme baroque.

143 — Une petite table en laque de Chine avec un tiroir devant.

144 — Un rosaire en ivoire, piqué d'or; cet objet précieux est décrit dans un ouvrage de M. Rady de Saint-Foy, comme ayant appartenu à Henry IV, et porte sur chaque boule les insignes de l'ordre du Saint-Esprit dont il était membre, porte l'insigne H, une fleur lys, une coquille, une flamme et un Saint-Esprit sur la croix.

145 — Un nécessaire de quatre pièces, couteau, fourchette, cuillère vermeil, les manches sont en porcelaine bleu turquoise, avec guirlandes de roses.

146 — Une montre en émail, garnie en or, sujet de Boucher.

147 — Une montre en agathe, gravée, garnie en or.

148 — Une montre du temps de Louis XIII, cuivre doré, cuvette en émail.

149 — Une montre en argent, canelée et gravée.

150 — Une montre en fer ciselé et damasquiné en or.

151 — Un superbe camée pierre dure.

152 — Un superbe camée pierre dure.

153 — Une bague gothique d'évêque grec.

154 — Un repoussé en argent, le Christ au tombeau.

155 — Un souvenir en ivoire, garni en or, un joli médaillon en émail.

156 — Un lot de trois étuis en filigramme chinois. Cet article sera divisé.

157 — Une tabatière en écaille avec un joli médaillon de Van pol (signé).

8 — Une tabatière en écaille, carrée, haute de forme, médaillon, en posé d'or.
9 — Une tabatière en écaille guillochée, forme carrée, large, un médaillon en posé d'or.
0 — Une tabatière en écaille avec médaillon, Sainte-Famille, peinture à l'huile.
1 — Une tabatière en plaqué, de l'hôtel Pomponne, or et argent.
2 — Une tabatière écaille blonde, en posé d'or.
3 — Un portefeuille chinois, brodé en or.
4 — Un portefeuille chinois, brodé en soie.
5 — Une bourse et un trique garni d'une chaîne d'argent.
6 — Une pomme de canne en porcelaine de Saxe, une figure.
7 — Un petit plateau en laque de Chine.
8 — Un petit vase étrusque d'une grande finesse.
9 — Un vase étrusque avec médaillon gravé.
0 — Un vase étrusque avec figures.
— Un vase antique avec médaillons ; les anses sont pris dans la masse.
— Quatre tableaux en pierre de Florence, dimension de 25 pouces sur 15, représentant des marines et un combat naval, de nuit. Cet article se recommande aux amateurs.
— Une cassolette bronze tonkin avec son pied.
— Une coupe ou talisman avec des caractères cabalistiques. On prétend que son origine remonte au temps de Mahomet.
— Trois vitraux suisses, représentant des armoiries, chasses et autres portant la date de 1563. Cet article sera divisé.
— Un petit triptique grec.

177 — Un joli cadenas gothique, gravé ; il a été probablement damasquiné.

178 — Un joli cadre en fer repoussé.

179 — Un choix de huit clés en fer ciselé. Cet article sera divisé.

180 — Un joli petit coffre gothique à bijoux, en fer à jour.

181 Un couteau dont le manche est en fer ciselé avec une jolie figurine.

182 — Une jolie drageoire en fer ciselé à jour.

183 — Une drageoire en fer incrusté d'argent ciselé.

184 — Une râpe à tabac en fer, incrustée d'or et d'argent, gravée.

185 — Un étui à ciseau et une jolie petite pièce en fer ciselé.

186 — Une coquille d'épée en fer ciselé.

187 — Un petit tableau sur prisme d'améthyste.

188 — Un joli manche de marteau en fer et bois sculpté.

289 — Un beau manuscrit sur vélin, du XV$^{me}$ siècle, toutes les feuilles sont encadrées et grande quantité de vignettes. Ce manuscrit appartenait à Charles X.

100 — Un livre d'heures de 1500 des commencemens de l'imprimerie.

191 — Un joli petit missel avec agrafes en vermeille, couvertures en perles de Venise et perles fines.

192 Un roman de la rose, par Jean Petit en 1520, reliure du temps.

193 — Sous ce numéro sera vendu un grand nombre de volumes.

## OBJETS DIVERS.

4 — Un très-beau sac de Perse, brodé en soie, or et argent.

5 — Une paire de pistolets de poche, canon en damas, manche en ébène garni en argent.

6 — Une paire de couteaux de dessert manche en nacre, une lame en vermeil.

7 — Deux pièces en fer ciselé, un petit Christ et un mascaron.

8 — Un œuf d'autruche gravé de sujets de sainteté.

9 — Environ trois cents médailles de l'empire, république et des grands hommes. Cet article sera divisé.

0 Un lot d'optiques, tels que quatre microscopes anglais et quantité de longues-vues. Cet article sera divisé.

1 — Un lot d'instrumens, un violon, un alto et autres. Cet article sera divisé.

2 — Un magnifique dessin de Redouté.

3 — Une grande quantité de tableaux anciens sera vendue sous ce numéro.

3 — Sous ce numéro sera vendue une grande quantité d'objets.

FIN.

www.ingramcontent.com/pod-product-compliance
Lightning Source LLC
Chambersburg PA
CBHW030114230526
45471CB00003B/1408